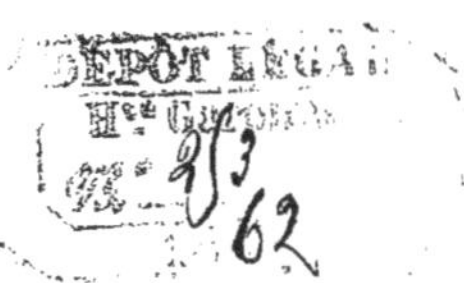

THÈSE

DE

LICENCE.

THÈSE

POUR

LA LICENCE

En exécution de l'Article 4, Titre 2, de la Loi du 22 Ventôse an XII.

SOUTENUE

Par M. CLÉRISSE (Albert),

Né à Bayonne (Basses-Pyrénées).

TOULOUSE,

Typographie Troyes OUVRIERS REUNIS,
Rue Saint-Pantaléon, 5.

1862.

MEIS.

Jus Romanum.

Tutela geri potest dupliciter : vel interposita persona pupilli, cui tutor præstat auctoritatem , vel non interposita , nempe si pupillus infans sit, vel absens , quo casu tutor dicitur administrare. — Ergo exposito secundo tutoris vel curatoris officio, scilicet de administratione tutorum vel curatorum secundùm quæ ipse aliquid gerit, consequenter dicendum de altero officio , secundùm quod pupillo vel minori aliquid facienti consentit , sive auctor est. Ita titulorum ordo Digestorum libri 26, accommodari paret.

Jam imprimis videndum est quid sit auctoritas tutoris, quid sit consensus curatoris ?

Et auctoritas ab augendo dicta est ; scilicet, quasi tutor , suam interponens auctoritatem , augeat atque suppleat quod deest personæ pupilli, propter lubricum ætatis.

Ergò , tutoris auctoritas est actus quo tutor præsens , id quod pupillus infantiæ major gerit , et ex quo deterior ejus conditio fieri posset, statim et solemniter approbat.

Hinc, etiam non interrogatur tutor auctor sit, et auctoritas ejus valet, cùm se probare dicit id quod agitur; quia, ut ait Paulus, lege tertia hoc titulo, *hoc est auctorem fieri*.

Dicimus : tutor statim præsens in ipso negotio esse debet. Nam simul ac negotium peractum est, debet tutor suam auctoritatem interponere : post tempus verò, aut per epistolam interposita ejus auctoritas nihil agit. (L. 9, §§ 5. Dig. h. t.); idem juris est, per nuntium vel procuratorem.

At quid si is cum quo pupillus negotium gerit, non exaudiat auctoritatem tutoris, exempli gratia, si absenti pupillo per epistolam vendam aliquid, vel locem, et pupillus tutoris auctoritate consentiat ? Valet auctoritas tutoris ; quia is cum quo contrahit pupillus, absens esse potest, sed tutor, cujus auctoritate contrahit, præsens esse debet. (L. 9, §§ 6. D. h. t.).

At non est idem de jussu ejus qui in potestate habet; tutoris auctoritas nempe, (ait lex 25. §§ 4, de acquirenda vel amittenda hereditate), interponitur perfecto negotio ; jussum domini vel patris verò præcedere debet ; quod jussum, putat Gaius Cassino lib. 2, vel per internuntium fieri posse, vel per epistolam, auctoritas verò tutoris, non ita.

Pupillus infans nihil agere potest, quia nulllum hac ætate intellectum habet ; ideoque neque cum auctoritate tutoris, qui hac ætate pupilli, omnia negotia ejus ipse per se peragit.

At contra, pupillus infantiæ major ipse agere potest ; sane, ex consensu imperfecto, sed is consensus imperfectus tutoris auctoritate perficitur.

Et jam quum pupillus aliquem intellectum habet, neque in omnibus negotiis ejus tutoris auctoritas requiritur ; nam distinguendum est : actus pupilli meliorem ejus conditionem faciat an deteriorem ?

Si meliorem, non est tutoris auctoritas necessaria; interponenda secùs, si deteriorem.

Inde sequitur, pupillum posse sine tutoris auctoritate stipulari aliquid sibi dari. (Lib. 9. D. L. 1 C. h. t.); nam adquiri sibi stipulando et per traditionem accipiendo, meliorem suam conditionem facit ; at credendo obligare sibi non potest, quia sine tutoris auctoritate nihil alienare potest ; jam, cùm pupillus mutuat alicui pecuniam , alienare videtur.

Inde etiam sequitur, pupillum non posse sine auctoritate tutoris contractum inire ultrò citrò obligatorium, quia tunc se aliis obligaret.

At quid tamen , si pupillus contractum ejusmodi inierit sine tutoris auctoritate, ut si, exempli gratia , rem aliquam emerit? Respondetur (L. 13, §§ 29, Dig. de act. empti), ex uno latere constare contractum , nam qui vendit , obligatus est pupillo ; quia sibi imputare debet , qui vendidit, si quid damni patiatur.

At vicissìm , pupillus alteri non tenetur. Sed hoc non ita intelligendum est, quòd is qui vendidit pupillo teneatur rem tradere , pupillus verò ad pretium solvendum non teneatur ; aliàs , pupillus locupletior fieret ex jactura alterius, quod non est æquum ; sed ita, quòd contractus vires et effectum habiturus sit, vel non ; prout pupillus, tutore auctore, velit aut nolit.

Hìc elegans quæstio occurrit , scilicet quùm jam pupillus possit omnia negotia quæ meliorem ejus conditionem faciunt sine tutoris auctoritate perficere , an possit etiam hereditatem lucrosam sibi ab extraneo relictam sine tutoris auctoritate adire? Et certe, primo intuitu videtur pupillus meliorem suam conditionem facere , nam proponamus cum lucrosam hereditatem adire , tamen respondetur. (§§ 2. Inst. h. t.) negativè, quoniam primò, aditio hereditatis actus erat legitimus , ad quem perficiendum cum effectu civili, necesse erat ut heres plenum animi judicium habeat; jam pupillus etiam pubertati proximus non potiebatur hoc judicio. Secundò, quoniam heres , qui adit hereditatem , quasi-contrahit cum legatariis, fideicommissariis et creditoribus hereditariis ; jam principium est, pupillum non posse se obligare sine tutoris auctoritate. Ergò pupillus non potest adire hereditatem , sine tutoris auctoritate, etiam lucrosam.

At quis objiciat, si pupillus læsus sit restituatur in integrum? Sane , hoc ita est. Attamen , *melius est intacta jura servare quam post causam vulneratam remedium quærere* (L. C. in quibus causis in integrum, etc.)

Hæc est differentia inter contractus et hereditates ; quod in contractibus pupillus non obligatur sine tutoris auctoritate, quia qui cum eo sponte contrahunt, sibi imputari debent, cur minùs cauti fuerint. At creditoribus hereditariis nihil potest imputari, quia non contraxerunt ipsi cum pupillo ád quem hereditas pervenit, sed ipse adeundo quasi-contraxit (L. 19. Dig. de diversis reg. juris).

Nunc quia tutor auget capacitatem pupilli; scilicet, quia neque consensus pupilli sine tutoris auctoritate, neque consensus tutoris sine interventu pupilli, sed tantummodò uterque earum, quasi unum corpus, una eademque voluntas, quamvis duo sint, rectè negotium pupillare perficiunt; sequitur pupillum et tutorem unam eamdemque personam esse in perficiendo negotio.

Inde sequitur ampliùs, tutorem non posse suam præstare auctorita-tatem in rem quam cum pupillo haberet. (L. 7 Dig. h. t.) Necesse est tunc curatorem in litem dari (L. 3. §§ 2. Dig. de Tutel.) Sed lite peracta, desinit officium curatoris. (L. 24 § de testam. tut.)

Nunc quædam singularia; si multi sint tutores, tutela indivisa, auctoritatem unius sufficere; sed si tutela divisa sit, singulos debere pro suis partibus auctores fieri.

Ubi tamen de tutela dissolvenda agitur, puta, si pupillus adrogandus sit, omnium consensum omnimodo requiri. (C. L. ultima hoc t.).

Constat ergo, tutorem non posse in rem suam auctorem fieri (L. 1, Dig. h. t.).

Quæ de tutore dicimus, eadem de curatore.

Valde agitatur quæstio in jure romano quando ex facto tutoris vel curatoris pupilli vel minores agere vel conveniri possunt?

Imprimis oportet scire actionem intentare vel suscipere aliquando tutorem vel curatorem, quandoque auctore tutore, pupillum vel consensu curatoris minorem, interdùm ex facto tutoris pupillum, vel de facto curatoris minorem.

Hi tres casus ordine explicantur. Primus casus titulo septimo, secundus, titulo octavo, exponuntur; tertius denique titulo nono declaratur.

De hoc tertio casu solummodò breviter dicemus; jam enim propter amplitudinem et varietatem rei juridicæ de qua in his duobus titulis agitur, dici potest ut in hac thesi forsitan limites fuimus transgressi solitos qui in schola juridica hujus civitatis observantur.

Et ita hæc res habetur : ex facto tutoris vel curatoris pupillus , vel minor certis tantùm casibus actionem habet. C. L. t. L. ultima , non directam, sed utilem; veluti si tutor vel curator pecuniam pupilli vel minoris credidit et sibi stipulatus sit, vel minoris pecunia, vel pupilli rem emit, vel rem pupilli vel minoris locavit. (L. 2. C. h. t.)

Et contra, pupillus vel minor utili actione tenetur, si tutor vel curator condemnatus sit. (C. h. t. L. 1.) Aut si pecunia quam tutor aut curator mutuo accepit, in rem pupilli vel minoris versa sit. (C. h. t. L. 3.) Aut si ex dolo tutoris vel curatoris minor vel pupillus locupletior factus sit. (L. 3. h t.)

QUÆSTIONES.

I. Si tutor auctoretur cui administratio tutelæ concessa non est, an id ratum à prætore non debeat ? — Non debet. (L. 4 , Pomponius. Dig. h. t. Vide tamen L. 49, D. de acquirenda hereditate.)

II. Tutor qui et cohæres pupillo erat , cum conveniretur fideicommissi causa, in solidum ipse cavit. Quæritur, an in adultum pupillum pro parte danda sit utilis actio ? — Danda. (L. 8. Dig. h. t.)

Code Napoléon.

Livre III, Titre V.

Du Contrat de Mariage.

(Art. 1421 à 1452.)

Le contrat de mariage est une société, une association conjugale, comme dit le Code ; mais cette société, qui a de grands rapports avec toutes celles qu'il est permis de contracter, en diffère par certaines exceptions remarquables ; cette société fait exception au droit commun par la manière dont le mari peut l'administrer, par la manière dont elle peut se liquider à sa dissolution. Nous commencerons par le premier point, c'est-à-dire par l'administration de la communauté.

Le mari administre seul les biens de la communauté, dit l'article 1421. Voici un point essentiellement remarquable ; dans cette société, composée seulement de deux personnes, le mari seul est capable de faire tous les actes d'un administrateur et non-seulement d'un administrateur ordinaire, mais encore d'un véritable propriétaire. Ainsi il a la faculté de vendre, aliéner, hypothéquer, ce qui ne serait pas permis à tout autre administrateur. Une légère restriction est seulement apportée par la loi à ce pouvoir si étendu ; le mari ne peut pas donner d'immeubles, sauf pour l'établissement d'enfants communs : il ne peut pas disposer des meubles de la communauté, soit de l'universalité, soit d'une quotité : l'exception est toujours admise en faveur d'enfants communs. Il peut donner certains meubles à titre particulier, pourvu qu'il ne s'en réserve pas l'usufruit. On peut s'étonner au premier abord d'une pareille mesure, mais on verra que la loi a adopté une sage précaution en prémunissant la communauté contre les libéralités d'un mari égoïste qui de son vivant n'eût subi aucune diminution dans ses revenus et qui eût, après sa mort, laissé une communauté appauvrie.

Enfin, les amendes qui proviennent de délits commis par le mari sont payées par lui, sauf récompense à la communauté, quand il prend pour les acquitter l'argent de la communauté.

La loi a défendu au mari, d'une manière générale, les donations d'immeubles, tandis qu'elle lui a permis dans une certaine mesure les donations de meubles. Pourquoi cela ? Le législateur s'est laissé porter, disent les uns, à permettre ce qu'il n'aurait pu défendre, car des donations de meubles sont bien plus faciles à pratiquer par la faculté qu'on a d'exécuter de prompts déplacements. Ceci ne nous paraît pas une manière satisfaisante d'expliquer la pensée du législateur. Disons plutôt avec d'autres que le législateur s'est laissé dominer par cette idée que les immeubles représentent toujours une somme plus considérable que des meubles, idée bien peu juste quand on pense que l'on peut, en suivant rigoureusement le texte de la loi, donner une somme d'argent considérable ou d'autres meubles d'un grand prix, tandis que l'on ne pourrait disposer d'un petit immeuble d'un prix dérisoire. Nous supposons encore que c'est par un excès de précaution que la loi a défendu les donations d'universalités ou de quotités de meubles, à propos de l'administration du mari, car l'art. 948 pose les règles suivant lesquelles on doit faire des donations de meubles par acte entre vifs, et ce n'est ni par universalité, ni par quotité que l'on pourrait le faire.

Que décider si le mari a fait la donation en prenant le consentement de sa femme ?

Il y a des auteurs qui pensent que le législateur, en modifiant le pouvoir si étendu que possède le mari de vendre, aliéner et hypothéquer les biens de la communauté, a voulu seulement lui défendre de faire les donations sus-mentionnées seul et sans le concours de sa femme ; et voici sur quels arguments ils s'appuient : ils nous disent : puisque le mari ne peut pas agir seul en ceci, il a donc une demi-capacité, qui sera complète par le consentement de la femme ; et pour exemple, ils nous citent les baux qui, contractés par le mari seul, ne durent pas plus de neuf ans, en cas de dissolution de la communauté. Ils ajoutent que la femme seule n'a pas le droit d'administrer ses propres ; que chacun séparément étant frappé d'incapacité à cet endroit, réunis, ils deviennent capables. C'est l'avis de M. Troplong. Nous préférons l'opinion de Marcadé, qui ne veut pas que la femme puisse donner au mari une autorisation que la loi ne lui donne pas ; qu'elle le relève de son incapacité comme un tuteur à l'égard de son pupille. De plus, comment supposer que le mari ne pourrait pas avoir assez d'influence sur sa femme pour lui arracher un consentement ! Et puis la femme n'est-elle pas frappée d'une incapacité de donner, puisque durant le mariage elle n'a aucun droit actuel sur les biens de la communauté ? Il ne faut pas nous objecter que les obligations qu'elle contracte avec l'autorisation de son mari sont aussi valables que celles que le mari a contractées, parce que nous répondrons que l'article est limitatif, et qu'il n'a pas parlé de donations d'immeubles.

Le legs fait par le mari de sa part ou de la moitié de la communauté est valable. Ceci ne souffre aucune difficulté, de même que le legs de la totalité dans le cas où la femme renonce à la communauté. Le mari n'a légué dans tout ceci que ce qui lui appartient. Mais si la femme accepte la communauté, je ne crois pas qu'il faille accorder au légataire une action contre les héritiers du mari pour obtenir la valeur de la part de la femme. L'intention du mari n'a pas été de léguer ses biens personnels. L'art. 1423 ne parle que du legs d'un objet déterminé.

Le mari exerce seul toutes les actions mobilières et possessoires, dit l'art. 1428. Mais peut-il intenter l'action pétitoire qui lui est accordée sous le régime dotal, d'après un vestige du Droit Romain? L'article 1428 ne lui donne pas ce droit. Il précise les actions qu'il peut exercer; elle appartient au propriétaire. Cependant la femme pourrait, en refusant son concours par caprice, priver son mari du revenu de ses immeubles; il peut accorder au mari, en sa qualité d'usufruitier, l'action pétitoire qui a pour objet la jouissance des biens personnels de la femme, action qu'on appelle confessoire.

Si le mari aliène seul les biens de sa femme, quels seront les droits de celle-ci lors de la dissolution de la communauté?

En cas de renonciation, la question n'est pas difficile à résondre, mais en cas d'acceptation, on se demande si elle peut revendiquer. Malgré Zachariæ, nous pensons, avec Marcadé, que la femme ne peut revendiquer que la moitié de son immeuble et qu'elle devra payer à l'acheteur évincé la moitié des dommages-intérêts. En se soumettant volontairement à la communauté, elle a accepté de subir l'action en garantie que l'acheteur évincé exercera.

L'art. 1433 nous fait entrer dans la question des remplois: les deux suivants exigent deux conditions insérées dans le contrat d'acquisition à l'égard du mari, ils exigent en outre l'acceptation de la femme. A quelque époque qu'elle soit faite, elle n'opère pas d'effet rétroactif à l'égard des tiers. Si donc le mari aliène l'immeuble, le soumet à des hypothèques ou à des servitudes, il révoque tacitement l'offre de remploi avant qu'elle ne soit acceptée. Ces droits réels sont valablement attribués.

Quant aux récompenses, un principe général est que la communauté ne peut pas s'enrichir aux dépens de l'un des époux ou des deux époux, non plus l'un ou l'autre époux ne peut s'enrichir aux dépens de la communauté. Les conséquences sont faciles à tirer ; lorsque pour l'entretien d'un propre, l'un des époux aura emprunté à la communauté, il sera débiteur de la communauté. Quant aux impenses nécessaires, utiles ou voluptuaires, voici, je crois, la doctrine à suivre : les sommes employées aux réparations nécessaires doivent être restituées intégralement. Quand il s'agit de réparations utiles, il faut s'attacher à la plus value donnée à l'immeuble ou à la somme employée ; si elle est moindre, les dépenses voluptaires ne donnent lieu à aucune récompense. C'est un mauvais administrateur, un mandataire inhabile qui a mal géré et dissipé les biens communs. Il aurait employé cet argent à acheter des équipages, des voitures, il l'aurait perdu au jeu, la femme ne pourrait former aucune réclamation.

Dissolution de la communauté.

Le second point de cette matière est la dissolution de la communauté. Elle a lieu 1º par la mort ; 2º par la séparation de biens, qu'elle soit une suite de la séparation de corps ou prononcée directement sur la demande de la femme. Nous pouvons ajouter à l'énumération du Code qu'elle a également lieu par le jugement qui déclare nul le mariage putatif et provisoirement par l'absence.

Le second paragraphe de l'art. 1442 nous dit : *S'il y a des enfants mineurs, le défaut d'inventaire fait perdre en outre à l'époux survivant la*

jouissance de leurs revenus. Ces dernières expressions doivent être re-
marquées. Le père ou la mère qui n'aura point fait d'inventaire ne sera
pas seulement privé de l'usufruit de la part qui revient aux enfants
dans la communauté , mais *de tous leurs revenus ;* d'où il faut tirer cette
conséquence, que si les mineurs avaient déjà quelques biens avant le
décès du conjoint, ou s'il leur en arrivait postérieurement, le survivant
qui n'aurait pas fait inventaire , ne pourrait ni conserver son usufruit
légal sur les uns, ni l'acquérir sur les autres. Je doute qu'une pareille
solution puisse être admise.

Pour éviter la pénalté que la loi prononce contre lui, faut-il que le
conjoint survivant fasse l'inventaire dans un certain délai? Faut-il qu'il
le fasse dans les dix jours du décès, comme il est dit à l'art. 451? Nous
ne croyons pas devoir adopter cette opinion , parce que l'art. 451 ne
parle que du tuteur, et nous ne voyons rien parmi les articles de notre
matière qui réclame une formalité analogue. Pourquoi ne pas admettre
le délai ordinaire de trois mois qui est accordé légalement à l'héritier
bénéficiaire et à la veuve? En nous appuyant sur les art. 461 et 795 ,
nous dirons qu e si la mère est prédécédée, le père survivant doit accepter
la succession sous bénéfice d'inventaire. Or , l'inventaire qui sera fait
dans l'intérêt des enfants, sera nécessairement commun à leur père.

Nous lisons dans l'art. 1444, que dès l'instant de la séparation de
biens, les poursuites doivent être commencées dans la quinzaine qui suit
le jugement, et qu'elles ne doivent pas être interrompues. Comment
concilier cet article avec l'art. 174 du Code de Procédure, qui accorde
à la femme trois mois pour faire inventaire et quarante jours pour déli-
bérer? Ces deux articles n'ont rien d'incompatible. La femme peut sa-
tisfaire à l'obligation d'exécuter dans la quinzaine en exerçant les droits
qui lui appartiennent, indépendamment de l'acceptation ou de la renonciation. Par exemple , elle pourra reprendre immédiatement ses propres
ou les immeubles acquis en remploi

L'art. 1449 nous dit que la femme, après avoir repris la libre administration de ses biens, peut disposer de son mobilier et l'aliéner ; d'où plu-
sieurs auteurs ont conclu que la femme avait la pleine et entière dispo-

sition de son mobilier. Nous sommes cependant de l'avis de ceux qui pensent que c'est seulement pour les besoins et dans les limites de l'administration de sa fortune, que la femme peut, soit directement à titre onéreux, soit indirectement en contractant des obligations, se dépouiller de son mobilier sans autorisation. Elle ne peut faire remise de ses capitaux, ni faire de donations directes de ses valeurs mobilières. C'est l'opinion de Troplong et de Marcadé.

Le quatrième paragraphe de l'art. 1451 a partagé les opinions. Il dit : Toute convention par laquelle les époux rétabliraient leur communauté sous des conditions différentes de celles qui la réglaient antérieurement, est nulle. A quoi s'applique cette nullité, à la convention entière qui rétablit la communauté ou seulement aux conventions différentes. L'opinion, qui s'appuie sur l'art. 1172, dit que c'est le sens littéral de la loi, ce qui d'ailleurs est conforme à la raison; car les époux n'ont voulu le rétablissement de la communauté que sous ces conditions; elles sont nulles ou impossibles. Dans l'opinion contraire, et nous la croyons mieux fondée, on dit que le retour à la loi du contrat qui réunit les intérêts des époux est favorable, plus conforme à la maxime : *Utile per inutile non vitiatur.* L'article ne dit pas que c'est l'acte de rétablissement de la communauté qui est nul, mais *toute convention.* Le mot *toute* indique que le mot convention est pris dans le sens de clause ; les changements au contrat primitif sont donc seuls frappés de nullité.

Pour l'art. 1452, nous savons que sous l'empire du divorce, la femme ne conservait aucun droit aux gains de survie lorsqu'il avait été prononcé contre elle d'après les art. 299 et 300. Tous les auteurs n'admettent pas qu'il faille appliquer ces articles au cas de séparation de corps, ni même autoriser la révocation des avantages matrimoniaux. Ce qui est sûr, c'est que l'époux défendeur à la séparation de corps ne conserve pas ses droits au préciput, d'après l'art. 1518.

QUESTIONS.

I. Quand c'est la femme qui a fait un legs d'un objet particulier de la communauté , ce legs est-il valable, si le lot tombe dans le lot des héritiers de son mari ? — Non.

II. La nullité d'une donation d'immeubles de la communauté faite par le mari durant la communauté, est-elle absolue ou seulement relative ? — Relative.

III. Si l'immeuble de la communauté donné par le mari pendant la communauté , tombe dans le lot des héritiers de la femme , la donation est-elle valable. — Non.

IV. L'art. 1442 , qui prive le survivant des époux de son usufruit légal pour défaut d'inventaire, est-il applicable à tous les régimes d'association conjugale ? — Non.

Procédure Civile.

—

Des reprises d'instance, et constitution de nouvel avoué.

Il arrive souvent dans le cours d'une instance qu'une partie décède, change d'état, ou qu'elle se trouve privée de son avoué par la mort, par démission ou par interdiction.

Ainsi, par exemple, une fille majeure ou une femme veuve, se marie avant que l'instruction de son procès soit achevée.

Ou bien, une partie tombe en état d'interdiction pendant le procès.

Un autre exemple : un administrateur, un tuteur cesse ses fonctions avant que le jugement définitif soit intervenu dans l'instance qu'il soutient pour l'établissement ou pour le mineur.

Il importait de fixer, de prévenir ces différents événements.

Ce sont ces événements qui font la matière du titre que nous avons à traiter.

Nous faisons remarquer que ces évènements produisent des empêchements de deux sortes : les uns relatifs, les autres absolus.

Les décès des parties et la privation de leurs avoués sont des empêchements absolus.

Le changement d'état et la cessation de la qualité en laquelle on procédait, ne sont que des empêchements relatifs.

§ 1er. — *Du décès d'une partie, et de la privation de son avoué.*

Quand une partie est morte ou privée de son avoué, par mort, démission ou interdiction, il y a à distinguer si l'affaire est ou non en état de recevoir son jugement.

Et d'abord, il importe de savoir quand est-ce que la cause est en état, quand est-ce qu'elle n'est pas en état d'être jugée. Cette distinction est importante, puisque c'est d'elle que dépendra la question de savoir si le procès doit être suspendu, ou s'il doit continuer son cours ordinaire.

Et bien, il est dit dans l'article 342 qu'une contestation qui est complète dans son instruction ne peut être arrêtée ni par le décès d'une partie, ni par celui de son avoué; ni la démission, ni l'interdiction de cet avoué ne peut retarder la décision de cette affaire; la raison en est parce qu'elle ne dépend plus que des juges qui ont toutes les instructions nécessaires pour prononcer.

Or, une cause d'audience est en état d'être jugée lorsque les plaidoiries sont commencées contradictoirement; en d'autres termes, lorsque les conclusions ont été respectivement prises par les parties.

Quelque nombreuses que puissent être les audiences, dès que les qualités sont posées, c'est-à-dire dès que, d'après la loi, les conclusions ont été contradictoirement prises, ni le décès des parties, ni la cessation des fonctions de leurs avoués ne peuvent retarder le jugement. Le tribunal prononcera, dès qu'il se croira suffisamment instruit.

L'art. 342 dit expressément que dans les affaires qui ne sont pas en état, toutes les procédures sont nulles, quand elles sont faites après la signification de l'acte de décès de l'une des parties.

Dès qu'une partie est décédée, l'avoué qu'elle a constitué est tenu d'en avertir l'adversaire par un simple acte ; après cette signification , toute procédure serait nulle.

Dans ce cas , on attendra que l'héritier du défunt se présente pour plaider en son nom : le mandat de l'avoué a cessé par la mort de son mandant ; la procédure ne peut donc continuer, si l'instance n'est reprise par l'héritier qui donne de nouveaux pouvoirs au même avoué ou à un autre.

La reprise d'instance est la nouvelle constitution d'avoué de la part de l'héritier qui , se voyant à la place d'une personne qui a laissé un procès, se présente spontanément pour donner à un avoué pouvoir de suivre l'instance. Dès que cette reprise d'instance est signifiée , la procédure reprend son cours, à partir du moment où elle était lors de la signification du décès.

L'art. 345 prévoit le cas où c'est le demandeur qui est décédé et que le défendeur n'ait pas encore constitué avoué ; la reprise d'instance de la part de l'héritier du demandeur, ne peut pas se faire par un acte d'avoué, puisque le défendeur n'en a point encore. Il faut alors l'assigner dans les délais ordinaires sans préliminaire de conciliation.

Si c'est l'héritier qui néglige de se présenter , la partie adverse qui est intéressée à faire finir le procès, a le droit de forcer l'héritier à reprendre l'instance.

Dans ce cas , la loi veut qu'il soit donné à la personne ou au domicile de l'héritier , un ajournement dans la forme et délais ordinaires, contenant sommation de reprendre l'instance , avec déclaration que, faute de le faire , elle sera tenue pour reprise et que la procédure sera continuée sur les derniers errements jusqu'au jugement définitif (346).

Si l'héritier consent à reprendre l'instance , il le fait par acte d'avoué à avoué.

S'il conteste sur l'assignation, l'incident est porté , sur simple acte , à l'audience où il est jugé sommairement (348).

Si l'héritier ne se présente pas, l'autre partie obtient par défaut un jugement qui ordonne la continuation de la procédure suivant les derniers errements (349).

Ce jugement commet un huissier pour en faire la signification (350).

Si l'héritier forme opposition , elle sera portée à l'audience (351).

La loi a prévu aussi le cas où l'avoué de l'une des parties se trouve hors d'état d'exercer ses fonctions , soit pour cause de mort , soit par démission , soit par interdiction , soit par destitution.

Si la cause est en état , le jugement ne peut être retardé. Si la cause n'est pas en état , toute procédure faite après l'événement qui prive de son avoué l'une des parties est nulle ; il n'est même pas besoin , dans ce cas , d'aucune signification.

Le nouvel avoué qui remplace l'ancien, fait signifier à l'avoué de la partie adverse qu'il est chargé d'occuper dans la cause. Dès ce moment , l'instruction se reprend sur les derniers errements (347).

Il peut se faire que la partie qui a perdu son avoué mette un retard à le remplacer ; l'adversaire a le droit d'exiger une constitution de nouvel avoué. Dans ce cas , on suit le même procédé que pour la demande en reprise d'instance.

§ 2. — Du changement d'état d'une partie, ou de la cessation de sa qualité.

Le tuteur agit pour son mineur, le mari pour sa femme, le syndic des créanciers pour l'union , etc.

Toutes ces personnes , et autres semblables , ne peuvent plus agir quand leurs pouvoirs ont cessé.

Il peut donc se faire que pendant le cours du procès commencé par une personne jouissant de ses droits , elle vient à les perdre.

Le Code nouveau n'a pas suivi les errements de l'ancienne jurisprudence. D'après l'article 345, l'instance n'en sera pas moins continuée, même après la signification de ce changement. La même chose a lieu dans le cas de cessation de qualité.

La partie, en effet, qui éprouve de pareils événements, est toujours, en suivant la loi, dans la possibilité de se défendre.

Toutefois, le même article précise à cet égard, dans le cas où le défendeur n'a pas encore constitué avoué. On sait que dans ce cas la procédure est en défaut, à quelque point qu'elle arrive.

Le demandeur est obligé d'assigner de nouveau le défendeur avec le délai ordinaire de huitaine, sans préliminaire de conciliation.

QUESTIONS.

I. On demande si une cause qui est mise en déliberé est en état ? — Oui.

II. Un avoué a négligé de faire savoir le décès de sa partie ; on demande si la procédure qui s'ensuit dans ce cas est valable ? — Elle est valable.

III. Toutefois, l'avoué n'est-il pas exposé à être désavoué ? — Oui.

Droit Criminel.

De la Procédure devant les chambres d'accusation.

(Code d'Instruction Criminelle 247 à 250.)

Il s'agit ici de la manière de procéder devant la chambre de mise en accusation. Nous pensons que le développement de cette procédure embrasse à la fois les règles d'après lesquelles elle peut être saisie de la connaissance de l'affaire ; et celles d'après lesquelles les parties dans l'instance peuvent demander et se défendre.

La Chambre de mise en accusation peut être saisie de deux manières : tantôt au second degré, après une décision préliminaire de la Chambre du conseil, tantôt directement au moyen d'une sorte d'évocation.

La Chambre de mise en accusation, dans le cas où elle n'est saisie qu'après une décision de la Chambre du conseil, peut l'être encore de deux manières : ou par décision même de la Chambre du conseil (133), ou par l'opposition du procureur impérial ou de la partie civile (135).

Le procureur général est alors tenu de mettre l'affaire en état dans les cinq jours de la réception des pièces (133 et 135), puis de faire son rapport dans les cinq jours suivants (217).

Pendant ce temps, la partie civile et le prévenu peuvent servir tels Mémoires qu'ils jugeront convenables, sans que le rapport puisse être retardé.

La Chambre de mise en accusation est tenue de se réunir au moins une fois par semaine dans la chambre du conseil pour entendre le procureur général et statuer sur ses réquisitions (222).

La partie civile, le prévenu, les témoins ne paraissent point (223).

Toutefois, l'art. 228 autorise la Chambre à ordonner, si elle le juge utile, l'apport des pièces servant à conviction, ce qui doit être fait dans le plus bref délai.

Le rapport du procureur général peut être fait verbalement ; mais d'après l'art. 224, le procureur général doit déposer sur le bureau sa réquisition écrite et signée. Il faut ensuite que le procureur général se retire, le greffier aussi, pour que les juges conservent toute leur liberté.

D'après l'art. 219, le président est tenu de faire prévenir la chambre au plus tard dans les trois jours du rapport du procureur général.

Le juges délibèreront entre eux sans désemparer et sans communiquer avec personne (225).

Les arrêts doivent être signés par chacun des juges qui y ont pris part et il doit y être fait mention, à peine de nullité, tant de la réquisition du ministère public que du nom de chacun des juges (234).

Dans certaines circonstances, les juges inférieurs pourraient manquer d'indépendance et de courage. Quelquefois aussi il est utile, lorsque les divers actes criminels ont été commis dans des arrondissements différents, qu'une même instruction les embrasse tous.

Dans de semblables circonstances, les Cours d'appel peuvent évoquer l'instruction.

Bien plus, la chambre de mise en accusation peut aussi se saisir d'office elle-même (Cass. 12 février 1835).

L'art. 235 dit, en effet : « Dans toutes les affaires, les Cours impé-

riales , tant qu'elles n'auront pas déclaré s'il y a lieu de prononcer la
mise en accusation , pourront d'office, soit qu'il y ait ou non une instruction commencée par les premiers juges., ordonner des poursuites ,
se faire apporter les pièces , informer ou faire informer, et statuer ensuite ce qu'il appartiendra. »

Le procureur général peut aussi provoquer l'évocation (276). Il peut,
à son choix , saisir de sa demande la Cour tout entière , ou s'adresser
simplement à la chambre des mises en accusation.

Lorsque les Cours d'appel usent du droit d'évocation , c'est un des
membres de la chambre de mise en accusation qui doit remplir les fonctions de juge instructeur (236).

Quelles sont , dans ce cas , les fonctions du juge d'instruction ?

C'est l'art. 237 qui les définit : « Le juge , porte ce texte , entendra
les témoins ou commettra pour recevoir leurs. dépositions un des juges
du tribunal de première instance dans le ressort duquel ils demeurent ,
interrogera le prévenu , fera constater par écrit toutes les preuves ou
indices qui pourraient être recuillis , et décernera , suivant les circonstances, les mandats d'amener , de dépôt ou d'arrêt.

Il résulte de l'article, qu'il doit interroger lui-même le prévenu ; c'est
lui qui décerne directement les mandats d'amener , de dépôt , ou d'arrêt.

Mais pour l'audition des témoins , il peut commettre un des juges du
tribunal de première instance dans le ressort duquel ils demeurent.

Enfin , en ce qui concerne la constatation des preuves et indices par
écrit , il peut déléguer cette partie de ses fonctions à tout officier de police judiciaire du ressort , ayant qualité pour dresser des procès-verbaux
sur des faits du même genre. Du reste , le conseiller instructeur doit
suivre les mêmes règles que le juge d'instruction (Cass. 12 février 1835).

Le procureur général remplit auprès du conseiller instructeur les
mêmes fonctions que le procureur impérial auprès du juge d'instruction.
Les informations terminées , le conseiller instructeur transmet les pièces
par la voie du greffe au procureur général, qui doit faire son rapport ,
dans les cinq jours , de la remise qui lui est faite.

La chambre des mises en accusation prononce le relaxe des prévenus ou leur renvoi, soit devant la Cour d'Assises , soit devant toute autre juridiction qu'elle indique.

Si l'affaire est de celles qui sont réservées exclusivement à la haute Cour de justice (Const. du 14 janvier 1852 et sénatus-consulte de la même année), ou à la Cour de Cassation , la Chambre des mises en accusation doit, sur les conclusions du procureur-général ou d'office , se dessaisir et prononcer le renvoi devant la juridiction compétente (220).

Si la Chambre des mises en accusation trouve que les informations sont insuffisantes, elle peut en ordonner de nouvelles (228).

Dans le cas contraire, elle doit statuer sur le sort du prévenu.

La Chambre des mises en accusation ne doit mettre le prévenu en accusation que lorsque les preuves ou indices qui s'élèvent contre lui sont assez graves pour faire présumer sa culpabilité (221).

Si la Cour n'aperçoit aucune trace d'un délit prévu par la loi ou si elle ne trouve pas des indices suffisants de culpabilité , elle ordonnera la mise en liberté, *sur-le-champ*, s'il n'est retenu pour d'autres causes. Il en est de même du cas où la Cour est appelée à prononcer sur une opposition à la mise en liberté du prévenu, prononcée par les premiers juges. Elle confirmera leur ordonnance.

Le prévenu à l'égard duquel la Cour a prononcé qu'il n'y avait pas lieu de le renvoyer devant la Cour d'assises, ne pourra plus y être traduit à raison du même fait , à moins qu'il ne survienne de nouvelles charges.

Par nouvelles charges, l'art. 247 entend les déclarations des témoins, pièces et procès-verbaux qui , n'ayant pas été soumis à l'examen de la Cour, sont cependant de nature, soit à fortifier les preuves que la Cour aurait trouvées trop faibles, soit à donner aux faits de nouveaux développements utiles à la manifestation de la vérité.

C'est d'autorité de la Cour et non par les juges inférieurs, que doit être faite l'instruction nouvelle (248).

Le président de la Chambre des mises en accusation peut, de sa seule autorité, permettre l'instruction nouvelle.

L'instruction terminée, le procureur général doit faire son rapport à la Chambre; si cette fois les indices paraissent assez graves , le prévenu est renvoyé devant la Cour d'Assises , sinon , il doit être relaxé.

Si , au contraire, la Cour estime que le prévenu doit être renvoyé à un tribunal de simple police ou à un tribunal de police correctionnelle , elle prononcera son renvoi , et indiquera le tribunal qui doit en connaître (230). Dans le cas de renvoi à un tribunal de simple police, le prévenu sera mis en liberté.

Enfin , si le fait est qualifié par la loi , et que la Cour trouve des charges suffisantes pour motiver sa mise en accusation , elle ordonnera le renvoi du prévenu aux assises (231).

Quid , si le prévenu invoque quelque excuse légale, la Cour peut-elle se dispenser de renvoyer l'affaire aux assises ? Non, car ces excuses ne peuvent être appréciées que par la Cour d'Assises (Cassation , 6 nov. 1812).

L'ordonnance de prise de corps , soit qu'elle ait été rendue par les premiers juges , soit qu'elle l'ait été par la Cour , doit être insérée dans l'arrêt de mise en accusation. Cet arrêt doit, en outre , contenir l'ordre de conduire l'accusé dans la Maison de Justice établie près la Cour d'Assises où il est renvoyé (233).

Si la Chambre des mises en accusation a mal qualifié le fait incriminé, la Cour d'Assises , en statuant sur ce fait , lui appliquera la peine qui lui est propre (Cass. 5 février 1819).

QUESTIONS.

I. L'arrêt qui renvoie le prévenu devant une Cour d'Assises est-il attributif de juridiction ? — Oui.

II. Le renvoi fait par la Chambre des mises en accusation à un tribunal de simple police ou correctionnel , est-il attributif de compétence? — Non

III Le prévenu relaxé une seconde fois, pourra-t-il, à raison de charges nouvelles, être poursuivi une troisième fois ? — Oui.

IV. Une simple dénomination peut-elle être considérée comme une charge nouvelle ? — Non.

V. Les déclarations de témoins, pièces ou procès-verbaux antérieurs à la mise en accusation, qui n'auraient pas été mis sous les yeux de la Cour, peuvent-ils être considérés comme nouvelles charges ? — Non.

VI. La Chambre des mises en accusation peut-elle ordonner le relaxe du prévenu sur le fondement que les preuves ne seraient pas décisives ? — Non (Cass. 27 février 1815, et 2 août 1821).

Cette Thèse sera soutenue, en séance publique, dans une des salles de la Faculté, le 10 Avril 1862.

Vu par le Président de la Thèse,

CHAUVEAU-ADOLPHE.

Toulouse, Imprimerie Troyes Ouvriers Réunis, imp.-Lib., rue Saint-Pantaléon, 3.